O Segredo da Água

Dedicado a todas as crianças do mundo

Masaru Emoto

© Publicado em 2014 pela Editora Isis.
Título original: The Secret of Water

Tradutor: Denis Mattar
Revisão de textos: Editora Isis
Diagramação e capa: Décio Lopes

DADOS DE CATALOGAÇÃO DA PUBLICAÇÃO

Emoto, Masaru

O Segredo da Água para as Crianças do Mundo/Masaru Emoto | 1ª edição | São Paulo, SP | Editora Isis, 2014.

ISBN: 978-85-8189-048-7

1. Terapia Alternativa 2. Saúde I. Título.

Proibida a reprodução total ou parcial desta obra, de qualquer forma ou por qualquer meio seja eletrônico ou mecânico, inclusive por meio de processos xerográficos, incluindo ainda o uso da internet sem a permissão expressa da Editora Isis, na pessoa de seu editor (Lei nº 9.610, de 19.02.1998).

Direitos exclusivos reservados para Editora Isis

EDITORA ISIS LTDA
www.editoraisis.com.br
contato@editoraisis.com.br

Para as crianças do mundo:

A água é muito especial para mim. Como pesquisador, eu a estudei e descobri que ela possui muitas qualidades mágicas. Espero que este livro os apresente às maravilhas da água para que vocês possam aprender a amá-la, valorizá-la e protegê-la. Como crianças, vocês são muito especiais para o mundo porque vocês são o futuro. Vocês vêem as coisas de uma maneira nova, luminosa e esperançosa. Espero sinceramente que vocês ouçam a minha mensagem sobre a água e a empreguem para promover mudanças positivas em vocês e no nosso mundo.

—Masaru Emoto

Quanto vocês sabem sobre a água? Sabiam que...

Vocês bebem a mesma água que os dinossauros bebiam?

O corpo de vocês contém mais água do que qualquer outra subs-
tância – mais do que pele, sangue ou ossos?

A água adora belas melodias?

Quando eu era jovem, também não sabia muitas coisas sobre a
água. Mas tinha uma grande curiosidade sobre o assunto, então
me dediquei muito para aprender e entender tudo o que eu podia
sobre a água. Agora, sei muitas coisas sobre ela. Cheguei até mesmo a descobrir o segredo da água.

Querem saber qual é?

Acreditem se quiser, mas cada pensamento ou sentimento que vocês tenham afeta tudo o que está em volta de vocês. Pensem nisto. O que acontece quando você sorri para alguém? Eles também sorriem para você! Quando você compartilha sentimentos de felicidade, você transmite uma energia positiva e ajuda a alegrar as outras pessoas.

E seus sentimentos não afetam somente as pessoas. Eles influenciam todo o planeta. Se você diz palavras zangadas ou tristes ou tem pensamentos furiosos ou tristonhos, você aumentará a raiva e a tristeza do mundo. Mas, se você falar palavras alegres e pensar coisas alegres, você ajudará a criar um mundo mais belo.

Está vendo como você é poderoso? Seus sentimentos afetam todas as coisas na terra. Inclusive a água!

Sim, a água. Da mesma maneira que as pessoas e todas as coisas vivas são influenciadas pelos nossos sentimentos, com a água acontece a mesma coisa. Temos que fazer tudo o que pudermos para termos certeza de que a água estará saudável porque ela é muito importante para as nossas vidas.

Recentemente, as Nações Unidas fez um apelo a todos os países da terra para que passassem dez anos cuidando da água. Isto significa que muitas pessoas do mundo todo estão pensando em maneiras de proteger a água e fazer com que ela esteja disponível para todos.

E, adivinhe só? Nós também temos que ajudar!

Então, para que possamos ajudar, vamos aprender um pouco mais sobre a água e seu segredo.

As Nações Unidas decretaram que os anos de 2005 a 2015 seriam proclamados como A Década Internacional da Água para a Vida. Para saber mais sobre a "Água para a Vida" consulte o site www.un.org/waterforlifedecade.

A água existe em nosso planeta há muitos e muitos anos. É tão antiga quanto os dinossauros! E como existe o ciclo da água nós ainda estamos usando a mesma água que choveu sobre os dinossauros há milhões de anos. Estamos bebendo a mesma água que os T. rex e os triceratops beberam! Até mesmo os pingos de chuva são muito antigos. Pode levar mais de cinquenta anos para uma gota de chuva cair do céu e se tornar a água que você bebe da sua torneira.

A maior parte do nosso planeta está coberta por água, mas nós só bebemos uma pequena parte dela. Grande parte da água da terra é muito salgada, muito poluída ou muito gelada para que nós possamos consumi-la. Mas, o que podemos usar, nós usamos.

Querem saber algumas das maneiras como usamos a água todos os dias?

O ciclo da água se compõe de quatro fases:

1. **Evaporação** é quando o sol aquece a água, transforma-a em energia (ou vapor de água) e a libera na atmosfera.

2. **Condensação**: é quando o vapor de água esfria na atmosfera e forma as nuvens.

3. **Precipitação**: é quando a condensação é tão grande que as nuvens já não conseguem mais reter a água e despejam chuva, granizo, saraiva miúda ou neve.

4. **Acumulação**: é quando a água cai de volta na terra. Se cai sobre a terra, a água é absorvida e se junta aos lençóis freáticos. Se cai em rios, lagoas, lagos ou oceanos, a água reinicia seu ciclo.

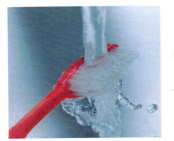
Quando escova os dentes com a torneira aberta, você gasta cerca de dez litros de água. Ao dar a descarga, gasta cerca de catorze litros. Você acredita que, a cada simples banho, você gasta quase duzentos e cinquenta litros de água?

Num único dia a pessoa usa, em média, quase quinhentos litros de água! Isto significa 400 quilos de água – mais ou menos dez vezes o seu peso – para cada pessoa da terra todos os dias do ano!

O que faríamos sem a água? Ela nos limpa e alimenta. Mas a água faz coisas ainda mais extraordinárias.

A água é o único elemento natural que existe nas três formas – líquida (nos oceanos, lagos, rios ou em copos), sólida (no gelo) e gasosa (no vapor e nas nuvens). Num rio, você pode nadar; num lago gelado, praticar skate e até soprar nuvens de vapor quente numa manhã gelada.

A água tem também o poder de dissolver – ou derreter – coisas. Pode dissolver quase tudo, de um torrão de açúcar a um pedaço de papel. E a **tensão superficial** da água é tão alta que muitos insetos mais leves são capazes de caminhar sobre ela.

A tensão superficial é a propriedade da água que dá à sua superfície uma característica elástica e permite que ela se forme em gotas separadas.

Você sabia que a maioria das coisas vivas é feita de água? O seu corpo é composto de ossos, músculos e sangue, mas mais da metade do que o seu corpo contém é água! O seu corpo contém tanta água que você não poderia viver sem ela. Você é capaz de viver sem comida por mais de um mês, mas seu corpo não sobreviveria mais de uma semana sem a ingestão de água.

E é exatamente porque a água é parte tão importante do nosso corpo que temos uma conexão única com ela. A água que está no seu corpo, no meu, e no de todas as outras pessoas do mundo tem relação com todo o resto de água que existe na terra.

Foi esta conexão tão íntima com a água que me fez ficar curioso sobre ela. O que me intrigava mais que tudo eram os flocos de neve, que são feitos de água congelada. Você sabia que cada floco de neve que cai do céu tem um padrão de cristalização único, só dele? Bilhões de flocos de neve caem na terra a cada ano, e cada um deles tem uma formação de cristal absolutamente única. Por quê?

Eu comecei a estudar a água para poder responder à esta pergunta e descobri que a água responde às energias positivas e negativas através de **vibrações**.

Vibrações são causadas quando alguma coisa se move ou balança para frente e para trás com grande velocidade. Vibrações diferentes criam cristais de água únicos.

Primeiro eu expus a água a palavras, orações, canções e fotografias alegres. Então, eu congelei uma pequena porção daquela água. E, quando examinei a água através do meu microscópio, pude observar diferentes cristais se formando.

Cada cristal é único porque a água tem a capacidade de se lembrar de cada pensamento ou sentimento que mandamos para ela. Belas palavras e bons sentimentos fazem com que a água vibre criando todos os tipos de lindos cristais de água.

Mas quando eu expus a água à palavras, orações, canções e fotografias deprimentes, ela vibrou de outra maneira. Não formou nenhum cristal.

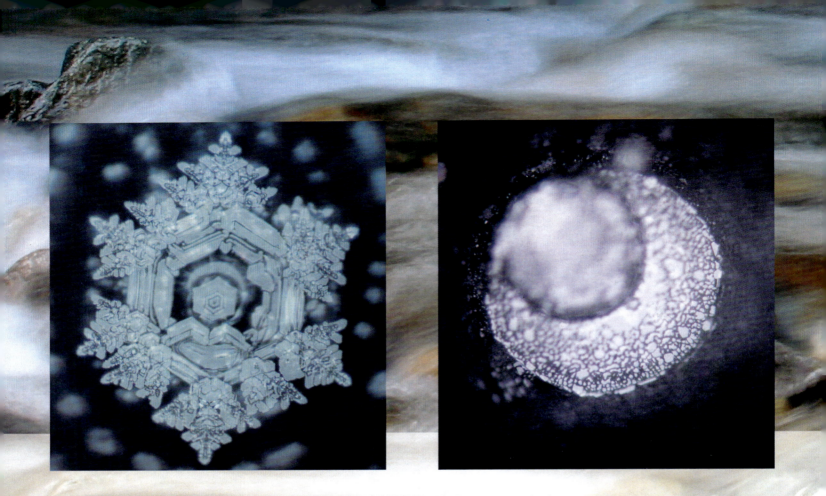

O que você vê nestas fotografias? Algumas delas mostram os cristais de água únicos que se formaram quando expostos a vibrações alegres, e as outras fotografias retratam a água que foi exposta a más vibrações e nenhum cristal se formou.

Vocês saberiam dizer quais fotografias mostram os lindos cristais e quais não mostram cristal algum?

Este cristal se formou depois de ser exposto às palavras "amor" e "gratidão". A energia positiva que emana destas palavras fez vibrar a água e causou a formação do cristal. Não é lindo?

Esta é uma fotografia da água após ter sido exposta à frase "Seu bobo!". Estas palavras mandaram uma energia negativa para a água e ela não formou um belo cristal.

Como você acha que seria um cristal de água se você dissesse "obrigado" para ela? Vamos olhar a pagina seguinte e descobrir. Como se diz "obrigado" na sua língua?

Agora vocês já sabem que todos nós temos o poder de afetar a água.

Mas o que podemos fazer com este nosso poder? Muita coisa!

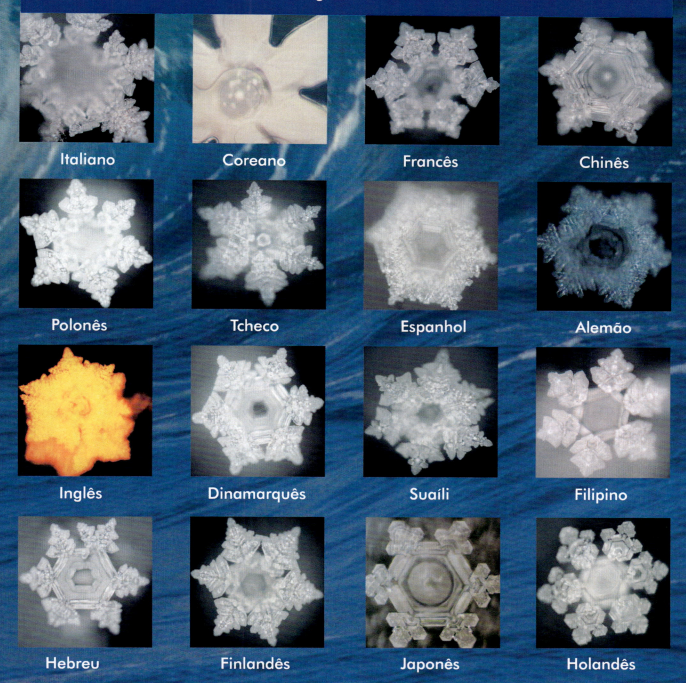

Para ajudar a água a se manter limpa e protegida, temos que fazer com que ela se encha de amor e agradecimento. Quando você fala ou pensa em palavras de amor e gratidão diante da água, suas palavras dançarão com a água em toda parte e, em algum lugar do mundo, outra pessoa ou animal vai receber esta sua energia positiva.

Existem muitas pessoas e animais pelo mundo todo que precisam da sua ajuda. Você se juntaria a mim e mandaria seu amor a todos aqueles que sofreram **desastres naturais** e **catástrofes ambientais**? Você e eu podemos ajudar a curar as pessoas, os animais, a terra e a água com nossas palavras e sentimentos de alegria.

Um desastre natural é uma ocorrência destrutiva causada por forças naturais e não pela ação do homem. Tsunamis, furacões, incêndios florestais, alagamentos, secas, terremotos, erupções vulcânicas, avalanches e tornados também podem causar desastres naturais.

A catástrofe ambiental é uma ocorrência destrutiva causado pela ação do homem que danifica a natureza. Em 1989 o petroleiro Exxon Valdez causou uma catástrofe ambiental quando deixou vazar milhões de galões de petróleo em Prince William Sound, no Alasca, matando a vida selvagem e comprometendo o meio-ambiente marinho do local.

A água é um presente surpreendente. Ela nos dá muita coisa – aquilo que necessitamos para preservar nossos corpos, preparar nossos alimentos e nos manter limpos. E agora é a sua vez de retribuir, dando alguma coisa para a água. Você não gostaria de ajudar?

Sim, você tem dentro de você o poder para fazer com que a água vibre com felicidade e amor. Usando a água, você pode se curar e curar os outros com sua energia positiva.

Este é o segredo da água. Agora você também o conhece. Então, encha o seu coração de amor e gratidão e mande a sua mensagem para toda a água da terra!

O SEGREDO DA ÁGUA EM AÇÃO

Veja algumas atividades bem divertidas que você pode fazer para aprender mais sobre a água e sua conexão com ela.

Limpar as nuvens

Você acha que pode fazer as nuvens desaparecerem usando a energia da sua mente? Você nunca saberá se não tentar! Para ver melhor as nuvens, escolha um dia de céu azul e nuvens brancas.

O que você vai precisar: uma nuvem branca

Como fazer:

1. Relaxe.
2. Escolha uma boa nuvem no céu para trabalhar com ela.
3. Foque sua atenção nela e imagine um raio de luz saindo da sua testa e atingindo a nuvem.
4. Enquanto olha para a sua nuvem, imagine que ela já desapareceu e você não consegue mais vê-la.
5. Enquanto faz o que foi explicado no passo 4, agradeça à energia que te permitiu fazer a nuvem desaparecer.
6. Espere uns poucos minutos para deixar a energia fazer o seu trabalho e então verifique se a nuvem ainda está lá. Funcionou?

Mande Sinais Secretos para as Plantas

Quer saber de uma outra maneira pela qual a sua energia pode afetar o mundo ao seu redor? Tente este joguinho sozinho ou como um projeto para a sua classe na escola.

O que você vai precisar: Duas sementes de plantas (qualquer semente serve, mas girassóis e feijões crescem mais facilmente), dois copos ou vasos para plantar as suas sementes, terra fresca, água, dois pedaços de papel e um lápis. Se necessário, peça ajuda a um adulto.

Como fazer:

1. Encha os dois vasos com terra.
2. Use o lápis para fazer um pequeno buraco na terra dos dois vasos. Enfie o lápis mais ou menos até a metade do comprimento dele.
3. Ponha uma semente em cada buraco e cubra com terra.
4. Acrescente uma colher de água em cada vaso.
5. Num dos pedaços de papel escreva "Você é linda". No outro pedaço escreva "Sua boba!".
6. Cole o papel com "Você é linda" num dos vasos e o papel com "Sua boba!" no outro vaso.
7. Regue os vasos uma vez por semana e mantenha-os perto da luz do sol.
8. Todas as vezes que você regar as sementes, leia em voz alta as frases escritas nos vasos.
9. Em poucas semanas as suas sementes começarão a crescer. Procure reparar nas diferenças entre os dois vasos. Por acaso, uma das plantas está crescendo mais depressa do que a outra? Qual das duas parece mais saudável? O que estes resultados mostram sobre o poder das suas palavras?

Outros livros de Masaru Emoto

As Mensagens da Água (Editora Isis/2004)
As Mensagens da Água e do Universo (Editora Isis/2012)

Fontes

Dr. Masaru Emoto
www.masaru-emoto.net

United Nations International Water for Life Decade
(Década Internacional da Água para a Vida das Nações
www.un.org/waterforlifedecade

The International Water for Life Foundation (IWLF).

(Fundação Internacional da Água para a Vida) – IWLF.

A IWLF é uma organização sem fins lucrativos dedicada à educação e ao desenvolvimento da conscientização de adultos e crianças sobre o poder da água de afetar a vida no planeta terra. Fundada em 2006, sua missão é encorajar a pesquisa e a colaboração com cientistas e organizações para o estabelecimento de registros e protocolos e testar o profundo potencial do trabalho do Dr. Emoto. A IWLF (também conhecida como PROJETO EMOTO) tem por objetivo patrocinar projetos que possam fazer com que a água limpa seja acessível a todos, fornecer tecnologia para o desenvolvimento de fontes de água em áreas necessitadas, reconhecer conquistas nas artes e ciências relacionadas à água, e fornecer download gratuito de um livro para as crianças.

www.internationalwaterforlifefoundation.org